Nicolas Dugay & Ingrid Petitjean

Das kleine Übungsheft

Gelassen Ziele erreichen

Aus dem Französischen von
Claudia Seele-Nyima

Illustrationen von Jean Augagneur

TRINITY

Nicolas Dugay ist Direktor der Booster Academy, einem Institut für Beratung, Fortbildung und Coaching im Bereich Management und berufliche Leistungsfähigkeit. Er begleitet Unternehmen, Führungskräfte und Sportler.

Ingrid Petitjean, ehemalige Spitzensportlerin im Segeln, hat das Institut Co-Synergie gegründet, an dem sie als Coach tätig ist, und lehrt als Privatdozentin an zwei Universitäten.

Die Originalausgabe ist erstmals 2015
bei Éditions Jouvence erschienen.
Titel der französischen Originalausgabe:
Petit cahier d'exercices pour développer
un mental de gagnant

Umschlaggestaltung: Guter Punkt, München
Satz: Kerstin Duben, München
Druck und Bindung: Pustet, Regensburg
ISBN 978-3-95550-190-7

www.die-kleinen-uebungshefte.de

Einführung

Träumen Sie davon, mental ebenso stark und souverän zu werden wie die Erfolgreichsten unter uns? Dann ist dieses Buch für Sie! Es basiert auf neuesten Studien über mentale Stärke und auf Techniken, die von leitenden Führungskräften und professionellen Sportlern angewandt werden. Aber vielleicht gehören Sie ja bereits zu denen, die sich durch eine solche »Gewinner«-Mentalität auszeichnen? Machen Sie doch einfach mal den folgenden Test:

Selbstdiagnose – Wie ist es um meine mentale Stärke bestellt?

Nehmen Sie sich fünf Minuten Zeit, um über die folgende Frage nachzudenken – und machen damit den ersten Schritt zu mehr mentaler Stärke.

Was wäre eine gute Methode, was könnte ich tun, um eine Gewinnermentalität zu entwickeln?

....

....

Wenn Sie sich ein paar Minuten mit dieser Frage beschäftigt haben, befinden Sie sich schon mittendrin in der geistigen Vorbereitung für die Umsetzung Ihres Wunsches. Es gibt 15 gute Gründe, mehr mentale Stärke aufzubauen (siehe S. 6–7). Egal, an welchen davon Sie in welcher Reihenfolge arbeiten, es wird zwangsläufig zu einer Veränderung führen – hin zu dem psychischen Zustand, den Sie anstreben.

Wahr oder falsch?

Überlegen Sie bei jeder der unten stehenden Aussagen, ob sie auf Sie zutrifft oder nicht. Geben Sie jeder zutreffenden Antwort einen Punkt und jeder falschen null Punkte. Dieser Selbsttest unterstützt Sie dabei, sich mithilfe dieses Übungshefts (wieder) eine Gewinnermentalität aufzubauen.

	Trifft zu	**Trifft nicht zu**
Ich habe persönliche Projekte.	____	____
Ich habe ein berufliches Projekt.	____	____
Ich komme gut mit meinem Umfeld zurecht.	____	____
Ich habe Hobbys.	____	____
Ich fühle mich gut in Form.	____	____
Ich habe das Gefühl, dass ich jeden Tag hinzulerne.	____	____
In ungewohnten Situationen werde ich aktiv.	____	____
Es fällt mir leicht, Kritik anzunehmen.	____	____
Ich fühle mich fast nie überfordert.	____	____
Ich habe selten das Gefühl, an meine Grenzen zu stoßen.	____	____
Ich gehe gern aus.	____	____
Ich akzeptiere meine Fehler.	____	____
Meinem Gefühl nach habe ich viele Beziehungen.	____	____
Ich wage es, Neues auszuprobieren.	____	____
Ich habe nicht die geringsten Probleme, mich länger zu konzentrieren.	____	____

Punktzahl: ....

Stufe 1: Sie haben mehr als 10 Punkte.
Gratulation! Sie verfügen bereits über die mentale Stärke eines Champions! Und ebenso wie dieser müssen auch Sie sich um Ihre mentale Stärke kümmern, um sie aufrechtzuerhalten.

Stufe 2: Sie haben 5 bis 10 Punkte.
Sie liegen im Mittelfeld. Wenn Sie sich einen auf Sie persönlich zugeschnittenen Plan machen und diesen in die Tat umsetzen, können Sie sich näher an die erste Stufe heranarbeiten.

Stufe 3: Sie haben 0 bis 5 Punkte.
Nicht jeder ist von vornherein mit dem gleichen Maß an innerer Stärke ausgerüstet. Die gute Nachricht lautet: Sie finden in diesem kleinen Übungsheft zahlreiche Anregungen, wie Sie an Ihrer mentalen Stärke arbeiten können.

Das »Mentale« - was ist das eigentlich?

Was ist Ihrer Meinung nach unter dem Mentalen zu verstehen? Schreiben Sie unten fünf Begriffe auf, die Ihnen dazu einfallen.

-
-
-
-
-

Das Mentale ist das, was in unserem Kopf vorgeht.

Und darauf haben wir durchaus Einfluss. Die Anwendungsbereiche des Mentaltrainings sind zahlreich, vielfältig und grenzenlos. Mit seiner Hilfe ist es möglich, ...

- sich langfristig wohl im eigenen Körper zu fühlen.
- Schmerz zu bewältigen, indem man die Aufmerksamkeit von ihm ablenkt.
- das eigene Selbstwertgefühl zu verbessern.
- die Fähigkeit zu entwickeln, mit seiner Energie hauszuhalten.
- möglichst keine unnötigen körperlichen und nervösen Spannungen aufzustauen und so belastende Phasen leichter durchzustehen.
- besser mit den eigenen Gefühlen umzugehen.
- Stress zu bewältigen und in schwierigen Situationen positiv zu denken.
- die eigenen Fehler zu akzeptieren.
- zu erkennen, was einem wichtig ist, um innerlich im Gleichgewicht zu sein: Entspricht mein Leben meinen Vorstellungen?
- wieder Freude in das eigene Leben zu bringen.

- die Beziehungsfähigkeit zu verbessern – in der Kommunikation mit anderen, aber auch durch einen besseren Umgang mit den eigenen Gefühlen.
- Abstand zu Situationen zu gewinnen, indem man eine andere Perspektive einnimmt und so neue Sichtweisen entdeckt.
- sich selbst gut zu spüren und Zeichen zu erkennen, die eine (psychische oder physische) Ermüdung ankündigen.
- im gegenwärtigen Moment oder bei dem, was man gerade tut, »ganz da« zu sein.
- sich gut zu konzentrieren.

Fünf konkrete Beispiele

1. Sehen Sie diese Zitrone? Schließen Sie die Augen und stellen Sie sich vor, Sie würden kräftig hineinbeißen. Schmecken Sie sie?

2. Nehmen Sie einen Papierball und versuchen Sie einmal, ihn aus drei Metern Entfernung in den Papierkorb zu werfen. Hat es geklappt? Wie gut oder schlecht Sie auch getroffen haben, versuchen Sie es noch einmal, diesmal aber mit geschlossenen Augen – das Ergebnis wird mit bis zu fünf Prozent Abweichung nahezu dasselbe sein.

3. Schließen Sie die Augen und denken Sie an einen Ort, den Sie mögen. Spüren Sie, wie sich ein Wohlgefühl in Ihnen ausbreitet?

4. Machen Sie die Augen zu und hören Sie innerlich Ihre Lieblingsmusik. Genießen Sie es?

5. Schließen Sie die Augen und vergegenwärtigen Sie sich den Duft von etwas, das Sie besonders mögen (Blumen, das Meer, ein Parfüm, Ihr Lieblingsessen …). Kommt ein wohliges Gefühl in Ihnen auf?

Warum funktioniert das?

Erste Übung: Der Geschmack einer Zitrone ist in Ihrem Gehirn verankert und schon allein die Vorstellung, wie sie schmeckt, löst in Ihnen entsprechende Empfindungen aus.

Zweite Übung: Ihre Gehirnzellen haben die entsprechenden Verbindungen hergestellt, um die richtige Bewegung zum Papierkorb hin auszuführen.

Dritte Übung: Ihr Gehirn vermittelt Ihnen positive Gefühle, wenn Sie sich an etwas erinnern, das für Sie mit angenehmen Emotionen verbunden war – selbst wenn diese Erfahrung schon Jahre zurückliegt.

Vierte und fünfte Übung: Ebenso wie der Zitronengeschmack sind auch Klänge und Gerüche im Gehirn verankert und schon allein die Tatsache, sie sich innerlich zu vergegenwärtigen, überflutet uns wieder mit den Empfindungen oder Gefühlen, die mit ihnen verknüpft sind.

Es ist also möglich, sich gezielt auf eine Situation vorzubereiten, die als wichtig empfunden wird, und sich in eine optimale Verfassung dafür zu bringen – nämlich ebenso wie man sich in einen »emotional positiven« Zustand versetzen oder auch innerlich nachempfinden kann, wie etwas schmeckt, das man schon einmal gegessen hat, sei es ein guter oder ein schlechter Geschmack.

Kapitel 1: Was mir wichtig ist im Leben

Christian Target, der Begründer der Méthode Target®, einem handlungsorientierten Coaching-Ansatz, hat ein System entwickelt, um unsere verschiedenen Interessen und Aktivitäten genauer einzuschätzen.

Übung:

Anleitung auf Seite 12*

Interesse/ Aktivität	Anteil der dafür aufgewendeten Zeit (in Prozent)	Inwiefern ist dieses Interesse/diese Aktivität für Sie etwas sehr Positives (Schlüsselbegriffe)?				
		1	2	3	4	5
		1	2	3	4	5
		1	2	3	4	5
		1	2	3	4	5

* Quelle: Christian Target, *La bible de la préparation mentale*, Amphora, Paris 2016

Inwiefern sind Sie bei dieser Aktivität autonom, wie weit hängt sie nur von Ihnen ab (Schlüsselbegriffe)?					Formulieren Sie Ihr Interesse/Ihre Aktivität in der ersten Person noch einmal neu.	Neuer prozentualer Zeitanteil
1	2	3	4	5		
1	2	3	4	5		
1	2	3	4	5		
1	2	3	4	5		

1. Notieren Sie in der ersten Spalte:

- Ihre derzeit zentralen Interessen: alle Aktivitäten, die Ihnen momentan wichtig sind (Beispiel: eine Sportart, die Sie mit Leidenschaft betreiben, eine künstlerische Aktivität …). Die Reihenfolge ist egal.
- Interessen, in denen Sie früher ganz aufgegangen sind, denen Sie jedoch heute nicht mehr nachgehen.
- Falls vorhanden, Aktivitäten, die Ihnen Zeit rauben, obwohl sie nicht zu Ihren Interessen gehören (Beispiel: Fernsehen, ein reiner »Brotjob« …).

2. Zweite Spalte:

Schätzen Sie ein, wie viel Prozent Ihrer Zeit Sie den einzelnen Interessen/Aktivitäten widmen. Das können durchaus auch null Prozent sein. In Summe sollten 100 Prozent herauskommen.

3. Dritte Spalte:

Beschreiben Sie, inwiefern die jeweilige Aktivität/das Interesse etwas Positives für Sie ist.

4. Vierte Spalte:

Beschreiben Sie, inwieweit Sie bei der Ausübung dieser Aktivität autonom sind, wie weit sie nur von Ihnen abhängt. Autonomie ist nicht gleichbedeutend mit Auf-sich-selbst-gestellt-Sein. Es geht nicht darum, nur noch einsam und allein unterwegs zu sein; vielmehr gilt es, in der Interaktion mit anderen den eigenständigen Teil Ihrer selbst in den Vordergrund zu stellen.

5. Geben Sie jetzt auf der Skala von 0 bis 5 in Spalte 3 an, wie erfüllend das jeweilige Interesse bzw. die Aktivität für Sie ist (kreisen Sie die Zahl ein):

- 0 = Eine Aktivität, in der ich nicht aufgehe, die mir keinen Spaß macht und mir nichts »gibt«.
- 5 = Ich habe viel Spaß, fühle mich wohl und blühe auf, wenn ich diesem Interesse nachgehe; ich habe Lust, diese Aktivität auszuüben.

Und in Spalte 4 tragen Sie (ebenfalls durch Einkreisen der entsprechenden Zahl) ein, wie hoch Ihr Autonomiegrad bei der jeweiligen Aktivität ist:

- 0 = Bei dieser Aktivität bin ich ganz von anderen Personen oder äußeren Gegebenheiten abhängig.
- 5 = Ich bin völlig eigenständig und kann tun, was ich will.

WICHTIG: Beenden Sie erst diese ersten fünf Schritte, bevor Sie fortfahren.

6. Ermitteln Sie den Durchschnittswert zwischen Autonomiegrad und dem Grad der Erfüllung und ordnen Sie Ihre Interessen dann noch einmal in der Reihenfolge ihrer »Noten«.

7. Vielleicht haben Sie im Verlauf dieser Übung schon ein paar Aktivitäten gestrichen. Zum Schluss überlegen Sie sich zu jedem verbliebenen Interesse einen ganz persönlichen Satz, der Freude in Ihnen aufkommen lässt und Ihnen Lust auf die betreffende Aktivität macht. Zum Beispiel, wenn Sie sich fürs Kochen interessieren: »Ich bin kreativ, wenn ich koche«, »Kochen macht mir Spaß und regt meine Kreativität an« …

Jetzt, da Sie Ihre derzeitigen Hauptinteressen gut vor Augen haben, hier einige Fragen dazu:

- Was denken Sie über die Tabelle, die Sie nun vor sich haben? Fühlen Sie sich von einigen Elementen besonders angesprochen? Wenn ja, von welchen?

....

....

- Wie steht es um den Zusammenhang zwischen Ihrem neuen »Ranking« und der Zeit, die Sie dem jeweiligen Interesse widmen?

....

....

- Was sind die Grundpfeiler in Ihrem Leben, die Dinge, die Sie auf jeden Fall weiterbetreiben wollen?

....

....

Die Antworten auf diese Fragen zu finden, kann einige Zeit in Anspruch nehmen – aber es ist notwendig und unverzichtbar. Je schwieriger sich dieser Vorgang gestaltet, umso mehr suchen Sie nach tief greifenden Dingen, also nach Dingen, die wirklich von Bedeutung für Sie sind.

Veränderungen:

Legen Sie die prozentualen Zeitanteile Ihrer Interessen neu fest.

Um sie zu realisieren und damit ein rundum erfüllendes Leben zu führen, bestimmen Sie nun für jedes Ihrer Interessen kurz-, mittel- und langfristige Ziele – konkrete, durchführbare Ziele –, die es möglich machen, dass es in Ihrem Alltag einen angemessenen Platz einnimmt.

Rufen Sie sich in der ersten Spalte der Tabelle auf der nächsten Seite noch einmal Ihre wichtigsten Interessen in Erinnerung. Setzen Sie anschließend die für Sie passende jeweilige Dauer der kurz-, mittel- und langfristigen Zeitspanne fest (zum Beispiel: kurzfristig sechs Monate, mittelfristig ein Jahr, langfristig fünf Jahre). Die Zeitskala richtet sich nach Ihren persönlichen Bedürfnissen. Manche bestimmen als langfristigen Zeitraum beispielsweise 20 Jahre.

Dann schreiben Sie die Ziele auf, die Sie sich in verschiedenen Lebensbereichen setzen. Jedes Ziel sollte mindestens mit einem wichtigen Interesse verknüpft sein.

Zum Beispiel: *Ich koche leidenschaftlich gern, das ist eines meiner Hauptinteressen. Kurzfristig könnte ich beschließen, monatlich zwei neue Rezepte auszuprobieren und einmal im Monat Freunde zum Abendessen einzuladen. Mittelfristig belege ich Kochkurse. Langfristig nehme ich an Wettbewerben teil.*

MEINE ZIELE

	Meine wichtigsten Interessen im Leben	Kurzfristige Ziele Zeitraum:	Mittelfristige Ziele Zeitraum:	Langfristige Ziele Zeitraum:
beruflich				
privat				

Gibt es unter den Zielen, die Sie sich gesetzt haben, auch solche, die keinem aktuellen Interesse in Ihrem Leben entsprechen? Welche sind das?

....

....

....

Solche Zielsetzungen können einer vorübergehenden Phase entspringen und kurzfristig durchaus sinnvoll sein. Doch auf Dauer halten Ziele, die mit keinem echten Interesse in unserem Leben in Beziehung stehen, nicht stand.

Wie kann man seine Ziele erfolgreich verwirklichen? Studien zeigen: 80 Prozent der an Silvester gefassten guten Vorsätze für das neue Jahr werden nicht umgesetzt. Was meinen Sie, warum ist das so?

....

....

....

Die Antwort lautet: Weil diese Ziele in der Regel zu hoch gegriffen sind und vor allem, weil sie nicht mit einem entsprechenden Plan zu ihrer Umsetzung einhergehen. Wie können Sie sich einen solchen Handlungsplan erstellen? Die beiden folgenden Beispiele helfen Ihnen dabei.

Beispiel 1:

Schritt 1: *Lassen Sie uns einen kurzen Ausflug ins Zahlenspiel machen: Wenn wir Sie bitten, im Kopf auszurechnen, wie viel 2.000.000 × 1,5 % ergibt, schaffen Sie das ohne Taschenrechner in weniger als 30 Sekunden?*

Ja ❑ Nein ❑

Schritt 2: *Wenn wir Ihnen erklären, wie es geht, ginge es dann schneller? Meinen Sie, dass Sie besser würden?*

Ja ❑ Nein ❑

Schritt 3: *Wenn wir Ihnen erst erklären, wie es geht, und Ihnen dann genügend Zeit lassen, zu üben, meinen Sie, dass Sie dann Fortschritte machen könnten?*

Ja ❑ Nein ❑

Schritt 4: *Wenn wir Ihnen genau beschreiben, wie die Besten es ausrechnen, und Ihnen die Rechenschritte im Einzelnen aufzeigen, könnten Sie es dann besser?*

Ja ❑ Nein ❑

Schritt 5: Um 2.000.000 × 1,5 % auszurechnen, muss man diese Größenordnungen im Kopf haben:

1,5 % von 100 = 1,5

1,5 % von 1.000 = 15

1,5 % von 10.000 = 150

1,5 % von 100.000 = 1.500

1,5 % von 1.000.000 = 15.000

1,5 % von 2.000.000 = 30.000

Und wenn wir Sie nun bitten, 2,5 % von 2.000.000 auszurechnen, schaffen Sie das in weniger als 45 Sekunden?

....

Beispiel 2 - entwickelt in Zusammenarbeit mit Denis Troch (ehemaliger Fußballprofi, heute Coach und Berater):

Schritt 1: Wenn wir Sie fragen, in wie vielen Sekunden Sie morgen 100 Meter laufen könnten, was wäre Ihre Antwort? Gehen wir mal davon aus, dass Sie auf diesem Gebiet untrainiert sind, und schätzen wir Ihre Zeit je nach Alter und Geschlecht auf 15-20 Sekunden. Wir gehen im Weiteren der Einfachheit halber von 15 Sekunden aus. Aber Sie können natürlich auch einen anderen Ausgangswert für sich aufschreiben.

....

Schritt 2: Nun schlagen wir Ihnen vor, zwei Monate zu trainieren. Wenn wir Sie nach Ablauf dieser Zeit fragen würden, in welcher Zeit Sie 100 Meter laufen können, was wäre Ihre Antwort? Gehen wir prinzipiell einmal davon aus, Sie hätten sich selbstständig in puncto Ausdauer und Tempo so gesteigert, dass Sie 100 Meter in 14,5 Sekunden schaffen. Eine Steigerung von 0,5 Sekunden anzunehmen – das ist sicher angemessen pessimistisch.

....

....

Schritt 3: Unser Vorschlag: Nehmen Sie sich jetzt zwei Monate einen Coach, um speziell den 100-Meter-Lauf zu trainieren. Würden wir Sie nach Ablauf der zwei Monate fragen, in welcher Zeit Sie die 100 Meter laufen können, wie lautete dann Ihre Antwort? Gehen wir einmal davon aus, dass Sie sich auf eine Zeit von 14 Sekunden verbessert haben (eine angemessen pessimistische Einschätzung).

....

....

Schritt 4: Sie haben nun mehrere Monate gearbeitet, zunächst allein, dann mit einem Coach. Wir melden Sie jetzt für einen Wettkampf mit Konkurrenten an, die Sie motivieren. Wenn wir Sie fragen, in welcher Zeit Sie die 100 Meter in einem Wettrennen laufen können, was würden Sie antworten? Wir gehen (wieder angemessen pessimistisch) davon aus, Sie hätten sich um weitere -0,1 Sekunden auf eine Zeit von 13,9 Sekunden gesteigert ... in dem Wissen, dass man sich in Wettkämpfen nach einem guten Training verbessert.

....

....

Schritt 5: Nach diesem Wettkampf schlagen wir Ihnen vor, sich einen Mentaltrainer zu suchen, um (noch) besser mit Stress und Druck umgehen zu lernen. Er wird Ihnen sicherlich helfen, sich noch weiter zu steigern. Zwei Monate darauf schreiben wir Sie für einen zweiten Wettkampf ein. Wenn wir Sie fragen, in welcher Zeit Sie die 100 Meter bei diesem zweiten Wettrennen laufen könnten, welche Antwort würden Sie geben? Wir gehen prinzipiell davon aus, Sie hätten sich noch einmal um -0,1 Sekunden gesteigert und würden die Strecke nun in 13,8 Sekunden laufen.

....

....

Schritt 6: Sie sind inzwischen – auf Ihrem individuellen Niveau – ein richtiger 100-Meter-Profi geworden. Wir melden Sie für einen dritten Wettkampf an, bei dem Sie neben sich am Start einen Mann UND eine Frau haben, die die 100 Meter in durchschnittlich 13,8 Sekunden schaffen. Wenn wir Sie fragen würden, in welcher Zeit Sie die 100 Meter in diesem neuen Wettrennen laufen könnten, mit Wettkampfgegnern, die auf demselben Level sind wie Sie, was würden Sie antworten? Wir gehen davon aus, dass Sie es (entsprechend dem Grundprinzip der Konkurrenz) in 13,7 Sekunden schaffen könnten (–0,1 Sekunde – angemessen pessimistisch).

....

....

Schritt 7: Wir melden Sie jetzt zu einem vierten Wettkampf an, der in Ihrer Geburtsstadt stattfindet. Für diese Gelegenheit hat unser Sponsor Ihnen ein super Outfit zur Verfügung gestellt, mit besonderen, extra für Sie entworfenen Sportschuhen. Im Stadion drängen sich die Zuschauer, einige davon Ihre Freunde oder Familienmitglieder: Sie sind »übermotiviert«. Würden wir Sie fragen, in welcher Zeit Sie die 100 Meter in diesem Wettbewerb laufen können, was wäre Ihre Antwort?

Wir gehen – pessimistisch wie immer – davon aus, dass Sie es in 13,6 Sekunden (−0,1 Sekunde) schaffen könnten.

....

....

Schritt 8: Wir melden Sie zu einem letzten Wettkampf an, Ihrem fünften. In den ersten sieben Schritten haben Sie sich bereits enorm gesteigert, ein letzter steht noch aus. Wenn Sie Ihren Rekord brechen, erhalten Sie nichts weniger als eine Prämie in Höhe eines Monatsgehalts! Würde ich Sie fragen, in welcher Zeit Sie die 100 Meter in diesem letzten Wettrennen laufen können, was würden Sie antworten? Wir gehen davon aus, dass Sie sich so weit gesteigert hätten, dass Sie es diesmal in 13,5 Sekunden schaffen können (−0,1 Sekunde – angemessen pessimistisch).

....

....

Innerhalb einiger Monate haben Sie Ihre Laufzeit folglich von 15 Sekunden auf 13,5 Sekunden verbessert – mit ziemlich pessimistisch angesetzten Werten. Sie haben also Ihre Leistung mithilfe eines Aktionsplans, der nichts mit Ihrem genetisch bedingten Talent zum 100-Meter-Lauf zu tun hat, um zehn Prozent gesteigert.

Kapitel 2:
Sich selbst lieben

Kennen Sie das Wassermelonen-syndrom: außen grün und innen rot? Im Alltagsleben begegnen wir ihm im Umgang mit anderen immer wieder. Es handelt sich um Menschen, die dem äußeren Anschein nach glücklich und relativ selbstbewusst sind, in Wirklichkeit jedoch tief innerlich an sich und ihren guten Eigenschaften zweifeln.

Lieben Sie sich selbst? Die Frage mag paradox klingen, doch sie ist grundlegend, denn ohne Selbstliebe ist es schwierig, eine Gewinnermentalität zu entwickeln. Natürlich geht es nicht darum, zum selbstzentrierten Narzissten zu werden – ein Übermaß an Selbstliebe führt zu übersteigertem Selbstvertrauen und wird nicht selten als Arroganz wahrgenommen. Darüber hinaus hat ausufernde Liebe zu sich selbst auch Auswirkungen auf die Beziehungen zu anderen, denn im Allgemeinen sind extrem ichbezogene Menschen nicht gerade beliebt. Wir geben in der Regel Menschen den Vorzug, die uns lieben!

Das Maß unserer Selbstliebe hängt stark davon ab, wie wir in unserer Kindheit geliebt wurden. Heute, als erwachsener Mensch, besteht die beste Methode, zu mehr Selbstliebe zu finden, darin, in Verbindung mit unseren Hauptinteressen im Leben zu sein (s. Kap. 1).

Tun Sie das, was Sie wollen? Gelingt Ihnen das, was Sie wollen? Fühlen Sie sich wohl mit dem, was Sie tun? Sind Sie stolz auf das, was aus Ihnen geworden ist?

....

....

Welche Eigenschaften schreiben Sie sich zu?

....

....

Fragen Sie Freunde, Angehörige und Arbeitskollegen nach Ihren herausstechendsten Eigenschaften: Lassen Sie sich von fünf Personen drei solche Eigenschaften nennen.

1 - ______________ / ______________ / ______________

2 - ______________ / ______________ / ______________

3 - ______________ / ______________ / ______________

4 - ______________ / ______________ / ______________

5 - ______________ / ______________ / ______________

Übung

Was sollen andere keinesfalls über Sie sagen, was würde Ihnen ganz und gar nicht gefallen?

....

....

....

Welche guten Eigenschaften hätten Sie gerne?

....

....

....

Was könnten Sie tun, um diese Eigenschaften bei sich zu fördern?
Beispiel: Ich wäre gerne flexibel. Mögliche Handlung: Die Vorschläge anderer annehmen – es akzeptieren, meine Planung zu ändern – mich nicht mehr ärgern – mich auf das Wesentliche konzentrieren und nicht an Nebensächlichkeiten hängen bleiben.

....

....

....

....

Praktische Umsetzung: Überlegen Sie sich zwei Taten, die mit den von Ihnen gewünschten Qualitäten zusammenhängen und die Sie gerne vollbringen würden, und führen Sie sie in der nächsten Woche aus.

Überzeugungen und Glaubenssätze

Wir alle haben Überzeugungen, also Vorstellungen, an die wir ganz fest glauben, weil sie – so meinen wir – der Realität entsprechen, und die unser Verhalten und unsere Wahrnehmung der Welt steuern. Diese Glaubenssätze beziehen sich sowohl auf die Welt im Allgemeinen als auch auf uns selbst im Besonderen. Sie können positiver Natur sein – dann sind sie aufbauend, tragen uns und verleihen uns Zutrauen. Sind sie dagegen negativ gefärbt, bremsen sie uns und schränken uns ein.

Beispiele:

»Ich bin nun mal jemand, der nicht viel Glück im Leben hat.«

»Was auch geschieht, ich finde am Ende immer eine Lösung.«

»Heutzutage ist es unmöglich, die Arbeitslosigkeit zu senken.«

»Krisenzeiten sind ideal, um Immobilien zu kaufen.«

Mitunter sind uns bestimmte Überzeugungen bewusst, doch meistens merken wir noch nicht einmal, dass sie unser Handeln und unsere Auffassungen entscheidend beeinflussen. Wenn wir einen negativen Glaubenssatz erkennen, ist das schon der erste Schritt, um ihn zu entlarven und umzuwandeln. Der zweite Schritt besteht darin, ihn durch eine positive Überzeugung zu ersetzen. Bei der Arbeit an unseren inneren Überzeugungen ist es besonders wichtig, dass jemand uns Rückmeldung gibt und die Veränderung begleitet.

Trotzdem können Sie an dieser Stelle schon einmal allein damit beginnen, indem Sie sich nach Ihren Glaubenssätzen fragen, um zu erkennen, was Sie ausbremst, aber auch, wo Ihre Stärken liegen. Innere Überzeugungen erkennt man oft gut daran, dass sie mit Begriffen wie »immer« oder »nie«, also Verallgemeinerungen, einhergehen.

1. Schritt: Einschränkende Glaubenssätze

Zählen Sie drei einschränkende Überzeugungen auf, die Sie in Bezug auf sich selbst haben:
Beispiel: »Ich habe nie Glück.«

1 -

2 -

3 -

Ersetzen sie jetzt diese einschränkenden Überzeugungen jeweils durch einen Satz, der die erwünschte Situation ausdrückt. Das muss nicht unbedingt das genaue Gegenteil sein. Es kann auch ein veränderter Blickwinkel sein, in jedem Fall ein Satz, der die einschränkende Überzeugung ins Wanken bringt und ihren Platz einnimmt. Bei dem Beispiel »Ich habe kein Glück« könnte man einfach das Gegenteil sagen: »Ich habe Glück.« Bisweilen ist der Kontrast jedoch zu groß und dem oder der Betreffenden fällt es schwer, ihn zu akzeptieren. In solchen Fällen kann man auf eine Zwischenlösung zurückgreifen. Zum Beispiel: »Ich bin ein guter Beobachter. Dadurch erkenne ich Gelegenheiten, bei denen ich meine Chance ergreifen kann.«

Dieser Satz ist allerdings ziemlich lang; man könnte ihn kürzen, um ihn prägnanter zu machen. Zum Beispiel: »Ich beobachte, ich sehe, ich ergreife meine Chance.« Oder auch einfach: »Ich ergreife meine Chance.« …

1 -

2 -

3 -

Möglicherweise dauert es ein bisschen, bis Sie Ihren »Gegen«-Satz finden, und vielleicht wollen Sie ihn dann auch noch einmal abändern. Bringen Sie ihn zunächst zu Papier und testen Sie ihn anschließend »in Aktion«: Wiederholen Sie ihn innerlich immer dann, wenn Sie das Bedürfnis danach haben. So wird er sich ganz natürlich entwickeln, bis die beste Formulierung gefunden ist. Der ideale Satz ist der, der ganz selbstverständlich kommt und positive Empfindungen in Ihnen auslöst. Um diese positiven Empfindungen noch besser zu verankern, können Sie sie mit einer angenehmen Situation aus Ihrer Erinnerung verknüpfen, in der sie ihre volle Bedeutung entfalten. In unserem Beispiel wäre das eine Situation, in der Sie in der Lage waren, Ihre Chance wahrzunehmen.

Es kann gut sein, dass Sie sich beim ersten Lesen Ihres »Gegen«-Satzes denken: »Unmöglich, ich habe doch wirklich nie Glück!« Das ist das Prinzip der Überzeugungen und Glaubenssätze – dass wir ihre Aussagen für wahr halten. Stellen Sie sich einfach nach ein paar Wochen noch einmal dieselbe Frage: Welcher Satz und welche positive Situation könnten mein persönliches **»Gegenmittel«** repräsentieren? Dann werden Sie die Antwort wissen.

Zusammenfassung:

- Sie nennen drei Sie einschränkende Glaubenssätze bzw. Überzeugungen.
- Sie finden drei positive »Gegen«-Sätze.
- Sie konzentrieren sich eine Woche lang auf einen der Glaubenssätze und versetzen sich in jemanden hinein, der den »Gegen«-Satz anwendet. In unserem Beispiel wäre das: Ich halte mich eine Woche lang für einen Glückspilz. Sagen Sie sich regelmäßig den Gegenmittel-Satz, um sich zu unterstützen.
- Sie verknüpfen den Gegenmittel-Satz mit einer Situation, die Sie erlebt haben, die den Satz veranschaulicht und mit der Sie positive Gefühle verbinden.
- Bei Bedarf lassen Sie Ihren Satz sich noch weiter entwickeln.
- Wenn Sie mit dem ersten Glaubenssatz weit genug gekommen sind, machen Sie sich an die beiden anderen.

2. Schritt: Aufbauende Glaubenssätze

Nennen Sie drei positive Überzeugungen, die Sie in Bezug auf sich selbst hegen:
Wozu dieses Beispiel? Wir bauen auf dem Positiven auf. Diese Überzeugungen bzw. Glaubenssätze können zu Slogans werden, die Sie motivieren und ermutigen, durch die Sie wieder Vertrauen fassen. Mitunter können sie auch ein gutes Mittel gegen einschränkende Überzeugungen sein.

1 -

2 -

3 -

Verknüpfen Sie nun jeden Glaubenssatz mit einer angenehmen Situation, die Sie erlebt haben und in der er seine volle Bedeutung entfaltet. Beschreiben Sie diese Situation:

Situation Überzeugung 1:

- Beschreibung der Situation (zwei Zeilen)
- Gefühle/Empfindungen während der Situation
- Quellen des Wohlbefindens (Empfindungen): visuelle, auditive, kinästhetische (Bewegungs-)Empfindungen

Beispiel für eine positive Überzeugung: »Was auch geschehen mag, ich finde eine Lösung.«

- Beschreibung der Situation: Ich komme an der Schule meines Sohnes an. Die Klassenlehrerin hatte mir gesagt, dass er um vier Uhr Schluss haben sollte, doch dann wird es eine Stunde später. Es ist geplant, dass wir sofort anschließend in Urlaub fahren, und ich will natürlich nicht in einen Stau geraten.
- Gefühle/Empfindungen während der Situation: Zunächst Überraschung und ein bisschen Ärger über die Lehrerin. Doch schnell gehe ich über in den »Lösungssuchmodus« und spüre eine gewisse Aufregung, eine Herausforderung. Ich fühle mich wie ein Detektiv auf der Suche nach der Lösung.

Quellen des Wohlbefindens (Empfindungen): Meine Quelle des Wohlbefindens ist vor allem kinästhetisch; ich bin gleichzeitig ruhig und dynamisch bzw. klar im Kopf, sowohl gelöst als auch sprungbereit. Auditiv: Ich sage mir innerlich verschiedene Strategien und Vorgehensweisen vor. Das geht ganz schnell. Visuell: Eine Tür wird geöffnet.
Schließlich relativiere ich das Ganze und sage mir, dass ich über eine Stunde Stau in 15 Urlaubstagen nicht wütend werden sollte. Ich sehe auf einer Landkarte nach, um eine einigermaßen schnelle und trotzdem schöne Strecke zu finden. Um für eine etwaige Wartezeit im Stau gerüstet zu sein, nehme ich eine Flasche Wasser mit. Kein Grund, mich schlecht zu fühlen.

Kapitel 3: Den Erfolg vorbereiten

»Ich habe einfach kein Glück«, »Immer muss es mich treffen«, »Der hat doch immer Schwein!« – Oft neigen wir dazu, Glück mit Erfolg gleichzusetzen, und meinen sogar, dass der Erfolg auf Glück zurückzuführen sei. Aber: Glauben Sie wirklich, dass jegliches erfolgreiche Handeln auf Glück beruht? Betrachten wir die Sache doch einmal mit ein wenig Abstand.

Der erste Mensch auf dem Mond.
Glück? Oder Arbeit und Talent?

Ein Fahrer bleibt 50.000 km unfallfrei.
Glück? Oder Arbeit und Talent?

Der schnellste Läufer der Welt.
Glück? Oder Arbeit und Talent?

Dass Sie Ihre Arbeit pünktlich fertiggestellt haben. Glück? Oder Arbeit und Talent?

Realistisch betrachtet, kann man sagen, dass Glück zwar existiert, sich aber vor allem daraus ergibt, dass Arbeit und Gelegenheit zusammentreffen.

Das Beste, das Sie tun können, um erfolgreich in etwas zu sein, ist, es zu üben. Im Abschnitt »Praktische Umsetzung« auf S. 26 haben Sie sich ja bereits zwei Ziele gesetzt. Und die wollen wir jetzt üben!

1. Übung - Zwei »gute Taten«

Sie haben sich zwei positive Taten überlegt, die Sie ausführen könnten - zwei Ziele, die Sie sich für die kommende Woche setzen können.

Was brauchen Sie, um diese Ziele in die Tat umzusetzen?

- ....

- ....

- ....

Was könnte Sie daran hindern, sie auszuführen? Falls sich potenzielle Fallstricke auf Ihrem Weg herauskristallisieren: Was können Sie tun, um sie rechtzeitig vorherzusehen und zu beseitigen?

....

....

....

....

....

Erstellen Sie sich einen Handlungsplan: Legen Sie genau fest, wann Sie die gute Tat ausführen wollen und wie Sie sich darauf vorbereiten. Nehmen Sie einen Terminplaner zu Hilfe.

....

....

....

Sich mit Veränderungen leichter tun – wie geht das? Indem man Kreativität entwickelt und Gewohnheiten allmählich ändert.

Manchen Menschen fällt es leicht, sich etwas Neues auszudenken, andere tun sich schwer damit. Es ist ganz normal, dass einige mehr Talent dazu haben als andere, aber man kann diese Fähigkeit auch üben – und erfolgreich darin werden.

Beispiele:
Öffnen Sie Ihren Kühlschrank und versuchen Sie, aus dem, was darin ist, zwei Gerichte auszuknobeln, die Sie normalerweise nicht zubereiten.

Machen Sie heute Abend, morgen, an diesem Wochenende bewusst etwas anders als sonst ... Ändern Sie Ihre gewohnte Strecke zur Arbeit, nehmen Sie einen anderen Weg zum Supermarkt, kaufen Sie an einem anderen Tag ein ...

Wählen Sie eine Aktivität oder eine Verhaltensweise, die Sie Ihrer Einschätzung nach sehr routiniert ausführen, und wandeln Sie sie ab (nehmen Sie etwas, das nur mit einem minimalen Risiko verbunden ist).

Wie wäre es mit Üben?

Überlegen Sie einmal: In welchem Verhältnis steht bei einem Hochleistungssportler der zeitliche Aufwand für das Training zur Dauer des eigentlichen Wettkampfs? Mit anderen Worten: Wie viel Zeit verbringt ein Sportler damit, für einen Wettkampf zu trainieren, der vielleicht eine Stunde dauert?

Und Sie, wie viel Zeit verbringen Sie mit der Vorbereitung Ihrer wichtigen Termine? Wie lange üben Sie, um sich auf Ihren Vortrag vorzubereiten oder auf ein Einstellungsgespräch für eine Stelle, an der Ihnen viel liegt? Oder um für eine Prüfung oder ein entscheidendes Geschäftsgespräch gewappnet zu sein?

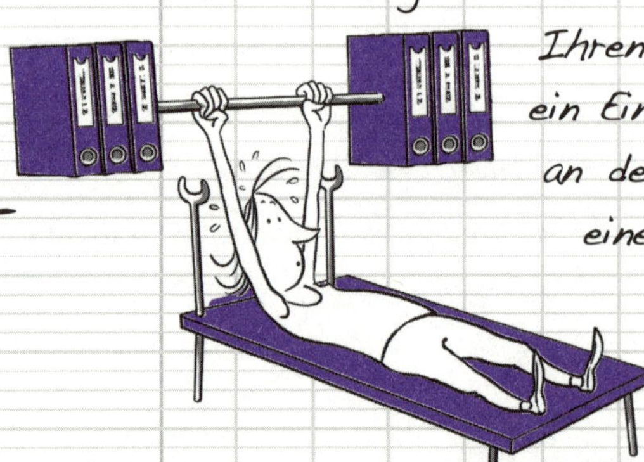

Auch wenn wir es nicht mit Statistiken belegen können: Wir stellen fest, dass Sportler sehr viel Zeit damit verbringen, ihre Grundlagen zu wiederholen und zu trainieren, um sich auf ihre Wettkampftermine vorzubereiten.
Also, warum sollten wir uns im Alltag nicht auf vergleichbare Weise engagieren? Suchen Sie sich etwas Konkretes aus, das Sie in nächster Zeit tun müssen – vorzugsweise etwas, was Sie auf die Probe stellt, was Sie noch nicht vollständig meistern.
Wenn Sie diese Handlung sofort ausführen müssten, wo lägen Ihre Stärken? Wo Ihre Schwächen?
Was wären verbesserungswürdige Punkte, die für eine positive Veränderung eine Rolle spielen könnten?

Üben Sie:

→ Visualisieren Sie innerlich das, was Sie tun wollen – nicht das Ergebnis, sondern den reibungslosen Ablauf der Handlung. Tun Sie das mehrmals und ändern Sie dabei jedes Mal einige Elemente des Situationszusammenhangs. Es ist wichtig, den Kontext immer wieder leicht abzuwandeln, denn Sie können nicht alles vorhersehen und am Tag X ist es wesentlich, dass Sie offen und anpassungsfähig sind.

➡ Parallel zur Vorbereitung mithilfe des Visualisierens trainieren Sie real die entsprechende Aktivität. Handelt es sich beispielsweise um einen Vortrag, sollten Sie ihn so oft wiederholen, bis Sie sich damit rundum wohlfühlen. Die Präsentation an sich sollte Ihnen keinen Stress bereiten – der Umgang mit den Stressquellen, die mit dem Situationskontext zusammenhängen, verlangt Ihnen schon genug ab. Man kann zwar mental stark sein, doch das Mentale kann technische Kompetenz nicht ersetzen. Üben Sie daher ausreichend Ihre technischen »Skills«.

➡ Falls die Übung sich dazu eignet, suchen Sie sich Trainingspartner. Sie können Rollenspiele machen, um den Handlungskontext zu simulieren. Wählen Sie dafür unbedingt Personen aus, denen Sie vertrauen und die Ihnen ein positives Feedback geben können. Machen Sie ihnen vorher klar, was Sie erwarten. Ein gutes Feedback ist sachbezogen, das heißt, es basiert auf Fakten, die während der Übung aufgefallen sind; es hebt sowohl verbesserungswürdige als auch positive Punkte hervor, und zwar in einem ausgewogenen Verhältnis.

3. Zur Tat schreiten

Wie kann man eine Tat gut in die Wege leiten und dabei von Anfang an das Gefühl haben, dass alles glatt und reibungslos läuft?

Mihály Csíkszentmihályi beschreibt das Gefühl des Flow als einen Zustand der optimalen intrinsischen (inneren) Motivation, in dem man ganz und gar in einer Aktivität aufgeht. Jeder kann diese Erfahrung machen, die durch starke Gefühle der Freiheit, Freude, Verwirklichung und Kompetenz geprägt ist, während jegliches Zeitempfinden schwindet.*

➡ Gefühl

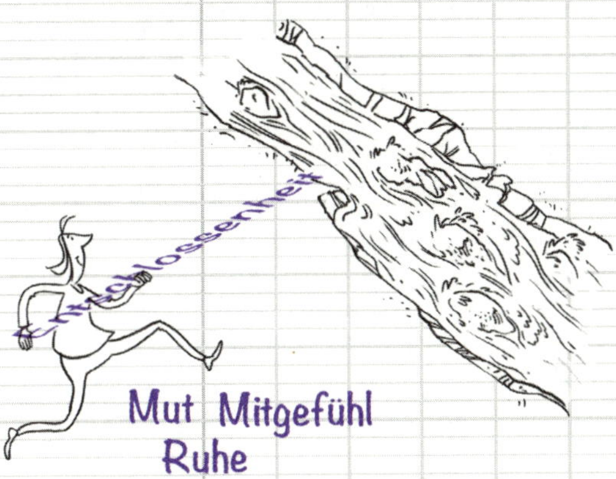

Nun gilt es zu erkennen, welche Emotionen der auszuführenden Handlung angemessen sind. Es genügt nicht, wenn das Gefühl nur positiv ist, es muss auch situationsangepasst sein. Beispielsweise könnte ich mich ganz ruhig und gelassen fühlen, was zwar sehr angenehm sein mag, aber nicht unbedingt angemessen ist für eine Situation, in der ich dynamisch und tatkräftig agieren muss.

* Vgl. sein grundlegendes Werk *Flow: Das Geheimnis des Glücks*, Klett-Cotta 2015[18]

Übung:

- Bleiben wir noch bei Ihrem Ziel aus der vorangegangenen Übung – dem, auf das Sie sich gerade vorbereiten.

- **Welcher emotionale Zustand wäre aus Ihrer Sicht ideal, damit Sie erfolgreich sind?**

- **Welche andere Handlung ist Ihnen in einem solchen oder ähnlichen emotionalen Zustand, der auch für das neue Ziel wünschenswert wäre, schon gelungen?**

- Sobald Sie eine solche Erfahrung ausgemacht haben, schließen Sie die Augen. Versetzen Sie sich noch einmal in die Situation, als würden Sie sie erneut durchleben, **erkunden Sie die verschiedenen Quellen des Wohlbefindens.** Dabei sollten Sie immer die Handlung vor Augen haben, nicht das Ergebnis. Wiederholen Sie den Vorgang mehrmals, zum Beispiel über einen Zeitraum von 14 Tagen hinweg zwei- oder dreimal wöchentlich. Verknüpfen Sie die Situation mit einem Leitsatz und finden Sie heraus, welche Quelle am meisten zu Ihrem Wohlbefinden beiträgt.

- Üben Sie, sich in verschiedenen Lebenssituationen in diesen emotionalen Zustand zu versetzen, indem Sie sich unmittelbar mit der Quelle, die am meisten zu Ihrem Wohlbefinden beiträgt, oder mit dem Leitsatz verbinden.

Beispiel:
- Ziel: bei einem entscheidenden Geschäftstermin eine gute Figur machen.
- Erwünschter emotionaler Zustand: Ich möchte locker und flexibel sein und mich behaupten.

- Situation, um die es geht: Ein Projekt soll in einer Konferenz vorgestellt werden. Vorrangige Quelle des Wohlbefindens: Fließende Armbewegungen, eine aufrechte Haltung (ich strecke mich, die Schulterblätter nähern sich einander an). Leitsatz: »Ich schaffe das!«
- Üben im Alltag: Ich strecke mich körperlich, sage mir: »Ich schaffe das!«, und bin dann sofort im emotionalen Zustand: »Ich behaupte mich locker und flexibel.«

Der letzte Schritt funktioniert normalerweise nicht sofort – es hängt davon ab, wie oft Sie ihn vorher visualisiert haben.

➡ Die Aufmerksamkeit nach außen richten

Um während der Handlung gut konzentriert zu sein, muss unsere Aufmerksamkeit nach außen und auf ein bestimmtes Element gerichtet sein.

Dass zu Beginn einer Handlung Fehler passieren, hängt oft damit zusammen, dass unsere Aufmerksamkeit statt nach außen nach innen gerichtet ist (zum Beispiel, wenn man den Vortrag vorher noch einmal innerlich wiederholt).

Um Ihre Handlung einzuleiten, können Sie Ihre Aufmerksamkeit kurz vor Beginn auf ein äußeres Element Ihrer Wahl verlagern – sozusagen als »Startschuss« für Ihr Zur-Tat-Schreiten. Das kann die Tür sein, die Sie öffnen, bevor Sie ein Büro betreten, Ihr Bildschirm mit der PowerPoint-Präsentation, Ihre Hand, das Gesicht Ihres Gesprächspartners, ein Gegenstand in der Umgebung – es spielt keine Rolle. Dieses Element bedeutet, dass es jetzt losgeht; es ist Teil der Handlung und Ihnen angenehm, nichts Angsteinflößendes.

Wenn ich beispielsweise bei meinem geschäftlichen Meeting ein Notebook zu Hilfe nehme, könnte ich meine Aufmerksamkeit darauf lenken.

Kapitel 4: Wohlbefinden und Freude steigern

Haben Sie sich in den letzten 24 Stunden wohlgefühlt?

Ja ❑ Nein ❑

Haben Sie über das körperliche Wohlbefinden hinaus in den letzten 24 Stunden einen schönen Moment erlebt?

Ja ❑ Nein ❑

Haben Sie in den letzten 24 Stunden gelacht?

Ja ❑ Nein ❑

Haben Sie in den letzten 24 Stunden etwas gegessen, das Sie gerne mögen?

Ja ❑ Nein ❑

Die Arbeiten von Ed Diener von der University of Illinois zeigen, dass Glück zu 40 Prozent in unserer Hand liegt (der Rest ist unseren Genen und den äußeren Lebensumständen zuzuschreiben). Sie sagen sich, dass Sie zu alt oder zu jung sind, um sich zu freuen? Eine Gallup-Studie zeigt, dass in den meisten Ländern der Erde das Glücksniveau mit dem Alter steigt. Und warum sollten wir nach Vergnügen streben? Um unseren Dopaminspiegel zu heben!

Dopamin ist ein Neurotransmitter, also ein Botenstoff, der dafür zuständig ist, Informationen zwischen Nervenzellen zu übermitteln. Ist die Produktion oder die Zirkulation von Dopamin beeinträchtigt, dann können die Neuronen schlecht miteinander kommunizieren. Dopamin spielt eine wichtige Rolle bei den Genuss- und Belohnungsmechanismen in unserem Gehirn (und damit auch bei Suchterkrankungen), denn es wird bei jeder Erfahrung freigesetzt, die wir als »schön« oder »zuträglich« bewerten.

Je mehr Dinge Sie tun, die Ihnen Freude bereiten, umso mehr Dopamin setzt Ihr Gehirn frei. Natürlich steht hinter all dem hier nicht der Gedanke an Exzesse, an Alkohol oder

Zigaretten, denn Sie wissen, dass dies im Widerspruch zu Ihrem Ziel stünde, mentale Stärke zu entwickeln (siehe Kap. 5, in dem es darum geht, wie gut Sie in Form sind).

Zwei Wege zu mehr Wohlbefinden und Freude

➡ Erfolge feiern

Wenn Sie ein Ziel erreicht haben, feiern Sie es! Im Allgemeinen denkt man an solche Feiern im Zusammenhang mit großen Projekten, aber nicht unbedingt bei kleinen alltäglichen Siegen. Es geht hier aber gar nicht darum, jedes Mal eine große Party zu veranstalten oder eine Medaillenverleihung zu organisieren; vielmehr sollten wir die Freude über unseren Erfolg je nach Bedeutung und Ausmaß mit anderen teilen. Beispiele: ein Abendessen mit jemandem, der uns nahesteht, zu Ehren des erreichten Ziels; ein Anruf bei Freunden, um die gute Nachricht zu verkünden; ein Freudenfest, eine Flasche Champagner, eine Unternehmung im Team, um den Erfolg zu begehen; sich die Zeit nehmen, mit sich selbst zufrieden zu sein und sich zu beglückwünschen.

➡ Aktivitäten, die Spaß machen

Rückblick auf die vergangene Woche: Wann haben Sie etwas genossen? Welchen prozentualen Anteil Ihrer Zeit machen solche Momente aus?

....

Wenn Ihnen das nicht genug ist, was könnten Sie ändern, damit die nächste Woche (und die Woche darauf) angenehmer verläuft?

....

Handlungsplan für die nächste Woche:

⇨ Entscheiden Sie sich für mindestens zwei Aktivitäten täglich, die Ihnen Freude machen. Sie müssen nicht viel Zeit kosten. Legen Sie fest, wann Sie die gewählten Aktivitäten durchführen werden, und tragen Sie sie als feste Programmpunkte in Ihren Terminkalender ein.

Sorgen Sie dafür, dass Sie in der nächsten Woche etwas Schönes, Vergnügliches erleben, das eine bestimmte Zeit (über eine Stunde) dauert und außerhalb Ihres beruflichen Umfelds geschieht. Diese Zeit sollen Sie voll und ganz genießen, mit einer Aktivität, die Ihren Sinnen guttut und auch später im Rückblick als angenehme, positive Erfahrung wahrgenommen wird. Beispiel: ein Tagesausflug, ein Besuch im Museum, Beisammensein mit der Familie …

Unternehmungen	Mag ich	Mag ich nicht
Bsp.: Zeit mit der Familie verbringen:		
Mit meinem Partner/meiner Partnerin zusammen sein:		
(Video-)Spiele spielen:		
Sport treiben:		
....		
....		
....		
....		
....		
....		

Den gegenwärtigen Moment nutzen

Wir leben in einer Gesellschaft, die immer schnelllebiger wird – neue Technologien spielen dabei eine große Rolle. Es gibt immer weniger Gelegenheiten, zwischendurch einmal innezuhalten, sich eine kurze Auszeit zu nehmen oder für Momente des Wartens oder des Nichtstuns. Das hat Vorteile (wer wartet schon gerne?), kann uns aber auch dauerhaft vom gegenwärtigen Moment abkoppeln.
Das Leben findet aber immer nur im Hier und Jetzt statt. Wenn Sie sich häufig dabei ertappen, dass Sie gerade Vergangenes überdenken und analysieren oder künftige Ereignisse in Gedanken vorwegnehmen, dann kann die folgende Übung sinnvoll für Sie sein.

Wählen Sie drei Alltagsaktivitäten aus, bei denen Sie sich ab jetzt auf den gegenwärtigen Augenblick konzentrieren werden – zum Beispiel, wenn Sie zu Fuß zur

Arbeit gehen, eine Mahlzeit mit der Familie einnehmen oder wenn Sie Musik hören …

Seien Sie dabei stets voll und ganz in der Gegenwart. Wenn Sie beispielsweise zu Fuß zur Arbeit gehen, spüren Sie die Bewegung des Gehens, den Kontakt der Füße mit dem Boden, das Fließen der Bewegung, den Wind auf Ihrem Gesicht (kinästhetische Empfindungen). Betrachten Sie die Umgebung um sich herum und konzentrieren sich dabei auf alles, was Ihnen gefällt (das kann ein Springbrunnen sein, ein schönes Gebäude, ein Geschäft, ein Park, der Himmel …). Hören Sie die Geräusche um sich herum, Ihre Schritte auf dem Asphalt … Seien Sie völlig im Hier und Jetzt.

Denken Sie nicht an das, was Sie in der Arbeit als Erstes erledigen müssen, schauen Sie nicht auf Ihr Smartphone … Sollte es Ihnen wichtig sein, an die vor Ihnen liegende Aufgabe zu denken, damit Sie, wenn Sie angekommen sind, gleich in Aktion treten können, dann beschließen Sie, nur einen Teil Ihrer Wegstrecke für die Übung zu nutzen, und trennen Sie die beiden Etappen bewusst voneinander ab.

Machen Sie diese Übung zunächst systematisch mit den drei zu Anfang ausgewählten Aktivitäten. Nach und nach können Sie sie dann – bei kurzen Handlungen – auch spontan in anderen Situationen anwenden.

Übung: Lächeln

Wie oft lächeln Sie?

Lächeln wirkt nachweislich stressmindernd und lindert sogar Schmerzen, weil dabei im Gehirn Endorphine freigesetzt werden. Auch die Botenstoffe Dopamin und Serotonin werden vermehrt ausgeschüttet und sorgen dafür, dass die Herzfrequenz zunächst ansteigt und dann mit der ruhigeren Atmung wieder abnimmt, die Muskeln lockern sich unter dem Einfluss des parasympathischen Systems und die Arterien werden weit.
Zusätzlich zu den physiologischen Veränderungen, die mit dem Lächeln einhergehen, hat es über die nonverbale Kommunikation aber auch eine positive Wirkung auf Ihre Umgebung.
Natürlich brauchen Sie sich nicht zum Lächeln zu zwingen, wenn die Situation nicht dazu passt, doch sobald sich eine Gelegenheit bietet, sollten Sie daran denken.
Probieren Sie es eine Woche lang aus und beobachten Sie die Auswirkungen über mehrere Tage hinweg.

Kapitel 5: Wieder in Form kommen

»Ich bin total erschöpft«, »Ich fühle mich ständig schlapp«, »Ich bin fett geworden«, »Ich habe keine Kondition«. Den einen oder anderen dieser Sätze spricht jeder von uns irgendwann einmal aus. Doch warum sollten wir eigentlich in Form sein? – Alle Studien beweisen es: Wer fit ist, hat ein längeres, glücklicheres, leichteres Leben. Natürlich kann es vorkommen, dass jemand Sport treibt und gesund lebt, aber trotzdem früh stirbt. Aber seien wir ehrlich: Das ist das Prinzip des fliegenden Fisches – es gibt ihn zwar, doch die Norm sind schwimmende Fische. Wir wollen uns hier deshalb nicht auf das eine Prozent fliegender Fische konzentrieren bzw. auf das eine Prozent Menschen, die früh sterben, obwohl sie gut in Form sind. Fitness hängt wesentlich von Schlaf, Bewegung und Ernährung ab. Die spezielle Thematik der gesundheitlichen Probleme wollen wir an dieser Stelle außen vor lassen, sie ist zu vielfältig und individuell; uns geht es um das allgemeine Optimieren der Fitness.

Schätzen Sie zunächst Ihre derzeitige Fitness ein:

☆☆☆☆☆☆☆☆☆☆

0 = Ich bin sehr erschöpft. / 10 = Ich bin in Topform.

Beispiel für mittlere Werte:

5: Ich bin mäßig in Form; es passiert mir, dass ich tagsüber vor mich hin döse.

7: Ich habe nicht das Bedürfnis, tagsüber zu schlafen; ich wache auf und habe Lust aufzustehen, bin aber nicht hundertprozentig energiegeladen.

Schlaf

Wie viele Stunden schlafen Sie?

....

Wie viele Stunden Schlaf brauchen Sie Ihrer Meinung nach, um sich fit zu fühlen?

....

Sind Sie eher ein Morgenmensch oder eine Nachteule? In welchem Zeitraum erholen Sie sich am besten?

....

Praktische Umsetzung:

Halten Sie zehn Tage lang den Schlafplan ein, den Sie oben bei der Beantwortung der Fragen als ideal für sich beschrieben haben. Sie dürfen sich innerhalb dieser Zeit an Ruhetagen (Wochenende) eine oder zwei Abweichungen von diesem Plan zugestehen.

Beispiel - Sie haben Folgendes geantwortet:

Wie viele Stunden schlafen Sie?

6 Stunden.

Wie viele Stunden Schlaf brauchen Sie Ihrer Meinung nach, um sich fit zu fühlen?

8 Stunden.

Sind Sie eher ein Morgenmensch oder eine Nachteule? In welchem Zeitraum erholen Sie sich am besten?

Von 23.00 Uhr bis 7.00 Uhr.

Nun werden Sie 10 Tage lang:

… von 23.00 Uhr bis 7.00 Uhr schlafen.

… so früh ins Bett gehen, dass Ihnen genug Zeit bleibt, um einzuschlafen (z.B. um 22.30 Uhr).

Ernährung

Sind Sie zufrieden damit, was und wie Sie essen? Wenn ja, überspringen Sie dieses Kapitel. Haben Sie dagegen das Gefühl, in puncto Ernährung orientierungslos zu sein, dann ziehen Sie doch einmal eine professionelle Beratung in Betracht.

....

Falls Ihnen die Grundlagen geläufig sind und Sie zwar wissen, was gut für Sie ist, sich aber nicht immer daran halten, warum versuchen Sie nicht einmal probeweise, sich zehn Tage lang vorbildlich zu verhalten? Oder - sollte Ihnen das zu lang sein - erst einmal mit drei Tagen anzufangen?

....

Das sollten Sie bei Ihrem Experiment beachten:

- ❑ Schränken Sie Ihren täglichen Kaffeekonsum ein.
- ❑ Sorgen Sie für ausreichende Flüssigkeitszufuhr: Empfehlenswert ist es, etwa 1,5 bis 2 Liter täglich zu trinken, wenn man keinen Sport treibt. Erhöhen Sie die Menge je nach Ihrer sportlichen Betätigung.
- ❑ Essen Sie weniger Süßigkeiten und Nachspeisen. Lassen Sie sie ein paar Tage lang ganz weg und beobachten Sie, wie es Ihnen damit geht.
- ❑ Reduzieren Sie Wurst und fette Speisen.
- ❑ Essen Sie mehr gesunde, natürliche Nahrungsmittel: Obst, Gemüse …
- ❑ Achten Sie auf ausgewogene Mahlzeiten und naschen Sie möglichst nicht zwischendurch.

➡ Bewegung

Sorgen Sie zehn Tage lang für regelmäßige körperliche Aktivität. Das heißt nicht unbedingt, dass Sie eine spezielle Sportart treiben sollen – gewöhnen Sie sich einfach an, sich im Alltag mehr zu bewegen.

⇨ Nehmen Sie so oft wie möglich die Treppe anstelle des Aufzugs.

- Gehen Sie häufiger zu Fuß: Sie können auf dem Weg zur Arbeit zum Beispiel ein bisschen weiter weg parken oder eine Haltestelle vorher aussteigen, für kurze Strecken das Auto stehen lassen oder einfach einen Spaziergang an der frischen Luft machen.
- Wenn Sie eine bestimmte Sportart praktizieren, tun Sie es regelmäßig (mindestens alle drei Tage), und planen Sie es fest in Ihren Tagesablauf ein.

Um motiviert zu bleiben:

- Warum nicht die zehntägige Herausforderung gemeinsam mit anderen angehen? Fragen Sie doch einmal in Ihrem Bekanntenkreis herum, ob jemand mitmachen möchte.
- Wie wäre es mit einer entsprechenden Smartphone-App oder einer Smartwatch? Damit können Sie Ihre Fortschritte besser messen.

Nach Ablauf von zehn Tagen schätzen Sie erneut ein, wie gut Sie in Form sind.

☆☆☆☆☆☆☆☆☆☆

Tipp: Haben Sie das Gefühl, dass Sie sich tendenziell zu viel zumuten und die Zeichen Ihres Körpers, die auf Überanstrengung hindeuten, nicht beachten? Dann schätzen Sie sich in kleineren Zeitabständen auf der Skala von 0 bis 10 ein, damit Sie immer gut im Kontakt mit Ihren Körpersignalen bleiben. Sie können zum Beispiel zunächst zehn Tage lang jeden Abend oder jeden Morgen Ihre Form einschätzen, anschließend dann einmal pro Woche.

Entspannung

Oftmals stauen wir unnötige Spannungen im Körper an, die mittelfristig Schmerzen oder sogar gravierende Krankheiten hervorrufen können und sich überdies negativ auf unseren emotionalen Zustand auswirken.
Wenn wir den ganzen Tag lang Anspannung in uns angesammelt haben, genügt am Abend nicht selten ein winziger negativer Auslöser, der das Fass zum Überlaufen bringt und uns emotional außer Gefecht setzt.
Sind wir hingegen entspannt und gelöst, spüren und fühlen wir uns besser und können unsere gesamte Energie auf das konzentrieren, was wir gerade tun.
Denken Sie an Kurzstreckenläufer. Ein Sprinter weiß: Um schnell zu sein, muss er bestimmte Muskeln beanspruchen, die er dazu braucht, aber er muss gleichzeitig auch diejenigen locker lassen, die ihn potenziell ausbremsen. Das kann man lernen.

Deshalb ist es wichtig, dass wir darauf achten, körperlich ausreichend locker zu sein, und zwar zu jeder Zeit.

Übung:

Anspannen - Entspannen: Die Target-Methode

Setzen Sie sich auf einen Stuhl und spannen Sie einige Sekunden alle Muskeln von Kopf bis Fuß an. (Verzichten Sie auf diesen ersten Schritt der Übung, wenn Sie Muskelschmerzen haben oder verletzt sind.) Nach ein paar Sekunden (maximal fünf) lassen Sie so schnell wie möglich die Anspannung los und entspannen Sie sich vollkommen.

Was spüren Sie, während Sie sich so entspannen? Gibt es Stellen, die immer noch verspannt sind? (Wiederholen Sie die Übung gegebenenfalls, um es zu prüfen.)

Haben Sie erst einmal eindeutig den Unterschied zwischen dem verkrampften und dem gelösten Zustand gespürt, brauchen Sie Ihre Muskeln nicht mehr bewusst anzuspannen, bevor Sie wieder loslassen. Arbeiten Sie beispielsweise gerade am PC, dann nehmen Sie sich einige Sekunden, um sich zu lockern, als würden Sie einen Scan von Kopf bis Fuß durchführen und umgekehrt, von den Füßen wieder bis zum Kopf, um jeden Muskel zu lösen. Sie brauchen die Augen dabei nicht zu schließen; Ziel ist, sich jederzeit möglichst schnell entspannen zu können, auch während man gerade etwas tut. Mit etwas Übung gelingt die Entspannung dann auch, während Sie beispielsweise gleichzeitig auf Ihrer Tastatur herumtippen.

Zusammenfassung:

- Machen Sie die Übung »Anspannen – Entspannen« drei Tage lang dreimal täglich.
- Entspannen Sie sich ab dem vierten Tag aus der Stellung heraus, in der Sie sich jeweils befinden, während Sie bei dem, was Sie gerade tun, eine Pause einlegen. Machen Sie das drei- bis sechsmal täglich, drei Tage lang.
- Siebter bis neunter Tag: Praktizieren Sie drei- bis sechsmal täglich die Entspannung, ohne das, was Sie tun, dabei zu unterbrechen.
- Finden Sie heraus ...
  - welche Teile Ihres Körpers mehr als andere zu Verspannungen neigen (z.B.: verkrampfter Kiefer, hochgezogene Schultern ...). Diese Bereiche dienen Ihnen als »Wächter« und machen Sie beizeiten darauf aufmerksam, dass die Anspannung steigt. So können Sie der Tendenz zu verkrampfen früher und wirkungsvoller entgegenarbeiten.
  - welche Elemente Ihrer Entspannung förderlich sind. Was genau tun Sie, um die Spannung zu lösen?

Kapitel 6:
Das eigene ANSPRUCHSNIVEAU bestimmen

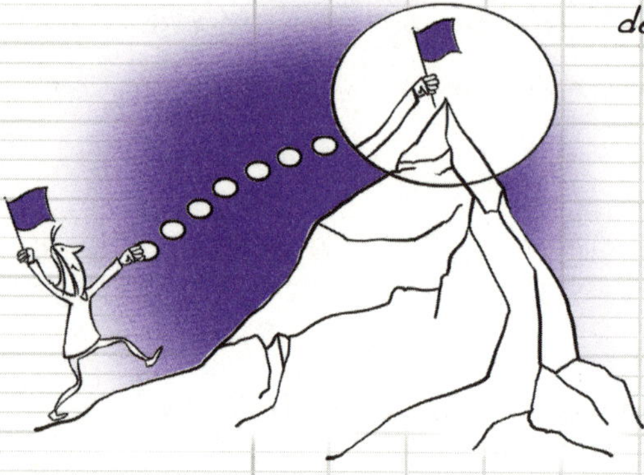

Ihr Gehirn braucht Anforderungen. Ohne Anforderungen besteht nicht der geringste Grund, das Nötige zu tun, um mentale Stärke zu entwickeln. Wozu denn überhaupt trainieren? Um das, was uns im Leben wichtig ist und uns interessiert, ausleben zu können. Ein angemessenes Anspruchsniveau ist daher der solide Sockel Ihrer Gewinnermentalität.

Wo liegt auf einer Skala von null bis fünf Ihr persönliches Anforderungsniveau (3 = ideal, 0 = zu niedrig, 5 = zu hoch):

....

Sich selbst gegenüber: ....

Anderen gegenüber: ....

➡ Was denken die Menschen aus Ihrem Umfeld darüber?

Bitten Sie neun Personen aus Ihren verschiedenen Lebensbereichen (Familienmitglieder, Freunde, Kollegen, die Ihnen nahe genug stehen), Ihr Anspruchsniveau auf der Skala von 0 bis 5 einzuschätzen und den entsprechenden Zahlenwert durch ein Beispiel – eine Situation, die er oder sie mit Ihnen erlebt hat – zu begründen.

1 - Wert: Situation:	4 - Wert: Situation:	7 - Wert: Situation:
2 - Wert: Situation:	5 - Wert: Situation:	8 - Wert: Situation:
3 - Wert: Situation:	6 - Wert: Situation:	9 - Wert: Situation:

Fazit und Umsetzung

Ist in den Einschätzungen der anderen eine Tendenz erkennbar? Wenn ja, stimmt sie mit Ihrer eigenen Wahrnehmung überein?

....

....

Möchten Sie an Ihrem Anspruchsniveau etwas ändern? Wenn ja, in welche Richtung sollte die Veränderung gehen?

....

....

Was beschließen Sie, konkret zu tun?

....

....

Kapitel 7: Mit anderen in Kontakt kommen

Selbst wenn Sie die ersten sechs Kapitel mit Bravour absolviert haben – ohne Kapitel 7 wird Ihnen immer noch etwas fehlen. Denn kein Mensch kann nur allein für sich mental leistungsfähig sein, es sei denn, er heißt Robinson Crusoe und lebt auf einer einsamen Insel. Es ist bereits ein toller Erfolg, dass Sie die Ziele der ersten sechs Kapitel erreicht haben. Und es gibt keinen Grund, warum Sie Kapitel 7 nicht ebenfalls erfolgreich durcharbeiten sollten – auch dann, wenn es Ihnen schwieriger als die vorherigen erscheinen mag, denn der Austausch mit anderen hängt ja auch von diesen anderen Personen ab und von ihrer Bereitwilligkeit, sich auf uns einzulassen. Die Schüchternen unter Ihnen wird es womöglich Überwindung kosten, die Übungen durchzuführen, doch nach höchstens drei Versuchen werden Sie merken, dass sich Erfolge einstellen. Es gibt viele ortsbezogene Internetplattformen, die darauf ausgerichtet sind, Kontakte und Freunde für gemeinsame Freizeitaktivitäten zu finden; und auch in Ihrer Gegend gibt es, wie überall, diverse Vereine und sonstige Orte, an denen Menschen sich begegnen können. Sicher ist: Viele Menschen möchten gerne mit anderen in Kontakt sein. Bemühen Sie sich also möglichst intensiv um den Austausch mit anderen.

Übung 1:

Haben Sie manchmal Hemmungen, Kontakt aufzunehmen, aus Angst, möglicherweise zu stören? Hier eine Übung, um Sie vom Gegenteil zu überzeugen: **Versuchen Sie, andere um etwas zu bitten und sich dabei fünf »Neins« einzuhandeln.** Ganz gleich, ob Sie das mit Fremden oder mit Menschen aus Ihrer Umgebung probieren – Sie werden sehen, dass es überhaupt nicht selbstverständlich ist, ein »Nein« zu erhalten.*

Übung 2: Schaffen Sie Gelegenheiten

Wenn Sie den Eindruck haben, dass es Ihnen an sozialen Interaktionen mangelt:

- Nehmen Sie sich vor, …-mal (mindestens zweimal) im Monat mit Freunden auszugehen – so, dass es Ihrem eigenen Rhythmus und Ihrem Bedürfnis nach sozialen Kontakten entspricht.

- Unterhalten Sie sich hin und wieder mit Ihren Nachbarn.
- Suchen Sie Kontakt zu Menschen, die Sie in letzter Zeit aus den Augen verloren haben.
- Schlagen Sie jemandem, dem Sie nur gelegentlich über den Weg laufen, eine Verabredung vor.
- Gewöhnen Sie sich an, ab und an mit Fremden, denen Sie begegnen, ein paar Worte zu wechseln (mit der Verkäuferin, dem Sitznachbarn im Bus, im Wartezimmer beim Arzt …).

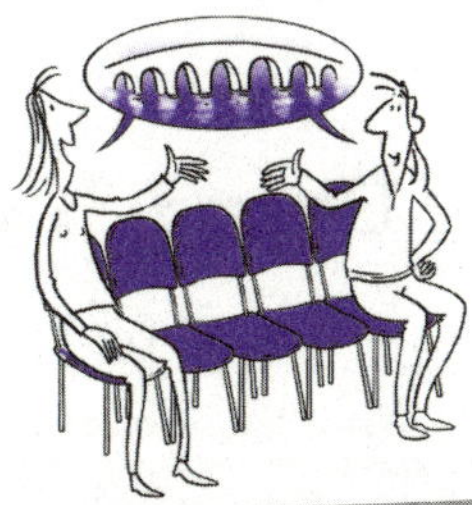

* Diese Übung ist inspiriert von Laurent Gounelle, *Der Mann, der glücklich sein wollte*, Goldmann 2010

MEIN AKTIONSPLAN FÜR DEN AUSTAUSCH MIT ANDEREN

Themen	Ziele	Verwirklicht	Neues Ziel
Mit Freunden ausgehen	3 x/Monat	2 x/Woche	
Leute kontak-tieren, die ich aus den Augen verloren habe			
In einem Verein Sport machen			
…			
…			
…			
…			

Übung 3: Gute Gespräche führen

- Stellen Sie offene Fragen (Fragen, die man nicht mit Ja oder Nein beantworten kann), um das Gespräch in Gang zu bringen oder zu halten.
- Achten Sie darauf, dass die Sprechzeit für die Beteiligten ausgeglichen ist. Sprechen Sie normalerweise mehr oder weniger als Ihr Gegenüber?
- Hören Sie aufmerksam zu.

Zum Schluss

Wir sind am Ende dieses kleinen Übungshefts angelangt. Sie haben nun alle Bausteine, die Sie brauchen, um (wieder) mentale Stärke aufzubauen und voller Selbstvertrauen und Gelassenheit Ihre Ziele zu verwirklichen.

Viel Erfolg dabei!